7
Lk 234.

LES CAVES

SOUS LES RUES D'AMIENS

DROITS ET DEVOIRS DES PROPRIÉTAIRES

AMIENS

IMPRIMERIE DE E. YVERT, RUE DES TROIS-CAILLOUX, 58.

1862

LES CAVES

SOUS LES RUES D'AMIENS

DROITS ET DEVOIRS DES PROPRIÉTAIRES.

Les éboulements de caves, qui se renouvellent si fréquemment depuis quelques années sous les rues d'Amiens, intéressent assez le public et les propriétaires pour qu'il soit désirable de voir porter un peu de lumière dans les questions de propriété et de responsabilité qui s'y rattachent.

La première question se pose naturellement en ces termes : Les caves qui sont sous les rues et les places publiques d'Amiens sont-elles des propriétés privées incommutables dont les possesseurs restent responsables, et que l'autorité publique doit respecter, dans toute la rigueur du droit, au même titre que les autres propriétés ?

On le sait : les rues et les places publiques de plusieurs des hauts quartiers de notre ville sont portées par de belles et nombreuses caves qui mesurent en moyenne de 8 à 20 mètres et plus de longueur, de 3 à 6 mètres de largeur, sur 3, 4 et 5 mètres de hauteur sous voûte ; il est à remarquer qu'elles n'ont d'issues que par les maisons dont elles dépendent, et qu'elles sont isolées les unes des autres.

Les plus érudits de nos concitoyens sont impuissants à assigner une date à la construction de ces souterrains ; ce qu'on peut affirmer avec certitude, c'est qu'elles remontent à une époque très éloignée de nous, probablement au 2e siècle, au temps d'Antonin-le-Pieux et de Marc-Aurèle. On les compte encore par centaines aujourd'hui. On voit, par leur structure, quel qu'en soit l'âge d'ailleurs, qu'elles ont été édifiées avant l'ouverture des rues dont plusieurs occupent toute la largeur, et avant la construction des maisons qu'elles supportent entièrement ou partiellement.

On rencontre des caves qui sont parallèles à d'autres caves sous la même rue, et d'autres qui sont superposées les unes aux autres; toutes sont établies dans un terrain de remblai et descendent généralement à 7, 8 et 9 mètres de profondeur du pavé des rues. Elles commencent au Bloc et se continuent sous les rues Basse-St-Martin, des Sergents, des Vergeaux, de Beaupuits, des Jeunes Mâtins, St-Martin, Basse Notre-Dame, St-Denis, des Crignons, du Cloître de la Barge, etc. Il y en a de très grandes sous le marché de Lancelles, les places Périgord, de la Mairie, St-Martin ; on en rencontre jusque sous la place du grand parvis de la Cathédrale.

L'explication la plus naturelle qu'on puisse donner d'un remblai si considérable, si universel, de constructions souterraines si monumentales, si nombreuses, si vastes, si coûteuses, est celle-ci. L'ancienne ville, devenue trop à l'étroit dans l'emplacement qu'elle occupait, dut s'étendre vers le Sud où existait des fortifications, des points élevés qu'il fallut relier entre eux, et des fossés, des marais qu'on fut obligé de combler afin d'exhausser le sol suivant les exigences des situations ; cela dut se faire graduellement, mais d'après des vues d'ensemble.

Nous ignorons les conditions qui furent imposées aux particuliers qui firent les caves sous les rues d'Amiens ; mais nous voyons qu'elles ont précédé les maisons et les rues, et que, par conséquent, elles n'ont pu se faire que de concert avec l'Autorité ; nous voyons encore que c'était un moyen de faciliter un remblai nécessaire et de procurer à la Ville de vastes entrepôts souterrains qui eurent évidemment alors et depuis un caractère d'utilité communale. L'histoire nous apprend que Charles VII établit et confirma, en 1484, les deux foires aux vins qui ont été tenues dans notre ville jusqu'à une époque voisine du 19e siècle.

Pour tout homme compétent, la construction clandestine de ces entrepôts frais, dans un terrain qui est entièrement de remblai, était matériellement impossible. Des maisons s'écroulent actuellement lorsqu'on fait une ouverture d'un ou deux mètres pour combler des caves qu'on veut abandonner; comment aurait-il été possible de creuser tout l'espace qui était nécessaire pour les construire entièrement ? Comment aurait-on soutenu en l'air les maisons en maçonnerie à deux étages qui reposent dessus ? Remarquons qu'il s'agit de plus de trois cents caves qui sont à peu près dans le même cas.

Une cave, sous la place de la Mairie et une autre sous la rue des Vergeaux ont l'aspect de monuments à cause de leur architecture inexplicable.

Deux caves, mesurant ensemble 28 mètres de longueur sur 4 et 6 mètres de largeur, qui sont sous la rue des Sergents, et qui dépendent des maisons n°s 46 et 48, sont parallèles à une autre cave magnifique qui est aussi sous cette rue et qui appartient au n° 45. La rue ayant 13 mètres à cet endroit est ainsi complètement creuse.

Une cave, dépendant de la maison rue St-Denis, n° 48, est construite sur une autre cave qui est sous cette rue et qui appartient au n° 21, de sorte que le propriétaire de cette dernière cave ne pourrait la faire combler, même avec le consentement de l'Autorité, puisqu'il est obligé de porter la construction qui est sur la sienne et la voie publique qui vient ensuite ou après.

La rue des Sergents a 11 mètres de largeur à son point de jonction avec celles des Crignons; cette dernière rue a elle-même 4 mètres de largenr; or, voici ce que l'on constate : La cave de la maison n° 34 s'avance sous la rue des Sergents jusqu'à 70 centimètres de l'aplomb de la maison n° 33 de l'autre rang; elle mesure 9 mètres 50 centimètres de longueur dans œuvre; son pignon, à l'Est, porte 1 mètre 35 centimètres d'épaisseur; les façades en maçonnerie à deux étages de ces deux maisons reposent donc entièrement sur les pignons de cette cave.

La maison n° 34, dont nous venons de parler, possède une autre cave, sous la rue des Crignons, de 17 mètres de longueur, couloir compris, sur 3 mètres 55 centimètres de largeur, qui supporte exactement, sur ses pieds droits, dans toute sa longueur, les maisons des deux rangs de cette rue n°s 3, 32, 34, ce qui se constate parfaitement par les soupiraux.

Il résulte de ces faits que la maison n° 34 est portée par deux caves qui sont sous des rues différentes, et qu'une de ces deux caves, celle qui est sous la rue des Crignons, porte elle-même, sur ses pieds droits, les trois maisons en maçonnerie des deux rangs de la rue n°s 3, 32, 34.

La moins ancienne de ces trois maisons, celle n° 34, ayant été construite en 1611, et la plus ancienne, celle n° 3, ayant été bâtie au 13e siècle, autant qu'on peut en juger à l'aspect, c'est au moins à cette époque que remonte la construction de la cave, et encore faut-il admettre qu'elle a pu recevoir des constructions avant celle que nous voyons.

Nous l'avons dit, les maisons reposent sur les caves qui sont sous les rues, ou au moins sur les voûtes qui forment les descentes; elles ont donc été construites après, et s'il est vrai que les maisons ont été faites après les caves, il est également bien certain qu'il n'y avait pas de rues avant la construction des maisons.

A quelle date l'histoire place-t-elle l'époque du remblai qui fait la base de notre argumentation ?

Un plan de la Ville, de 1542, qui est déposé aux archives, prouve que toutes les rues et les places sous lesquelles ces caves sont construites existaient alors.

La Cathédrale est posée comme un autre jalon, dans la durée, pour reculer au moins au 13ᵉ siècle, la date certaine du remblai. Nous savons que ce monument a été construit en 1220, suivant les exigences du nivellement du sol tel que nous le voyons, et cela à tous ses aspects, d'où il résulte la conséquence que le remblai était effectué, ou qu'on le réalisa à cette époque.

L'histoire de l'église de St-Martin aux Jumeaux, placée à 120 mètres au Sud de la Cathédrale, reporte certainement la date du remblai au 11ᵉ siècle, et même probablement au 5ᵉ, puisqu'elle était construite suivant le niveau actuel de la rue. Nous savons, en effet, qu'après la cessation des persécutions, au 5ᵉ siècle, la piété des fidèles érigea une chapelle au lieu où St-Martin partagea son manteau pour en couvrir un pauvre, afin de perpétuer le souvenir de cet acte charitable; que des filles dévotes y prièrent jusqu'en 1073, époque ou Guy, évêque d'Amiens, la restaura et en agrandit le chœur, et où Drogo, son ami, fit faire une autre chapelle contiguë en souvenir de leur amitié.

Enfin, nous savons encore que l'ancien cimetière St-Denis était placé dans une partie du jardin de l'Abbaye aux Jumeaux, contiguë à la porte St-Denis et dans l'intérieur de la Ville, qu'il servit de sépulture à toutes les paroisses jusqu'en 1287, époque où il devint trop petit, et où l'on s'occupa de le transférer à l'endroit où est actuellement le square St.-Denis.

Des fouilles faites, en 1846, pour la construction du Tribunal civil actuel, confirmèrent ce point de l'histoire ; on découvrit, à 2 et 3 mètres de profondeur, des ossements humains en grand nombre qui montrèrent que ce lieu était bien l'emplacement de l'ancien cimetière, et que le niveau du sol était, lorsqu'on y enterrait, tel que nous le voyons encore aujourd'hui.

Il est donc démontré, jusqu'à l'évidence, que le remblai était effectué il y a 800 ans; que les caves ont précédé les maisons, et que les maisons ont formé les rues.

L'histoire nous apprend que notre ville a été entièrement brûlée vers 921, puis en 1032 et presqu'entièrement en 1100. On conçoit que les caves ne brûlaient pas et qu'on ne reconstruisait que les maisons.

Les caves sous la voie publique entrèrent longtemps dans les habitudes ; ce ne fut qu'au 17e siècle qu'elles furent prohibées. Un édit de décembre 1607 fit défense à toute personne de faire et creuser aucune cave sous les rues; l'édit n'ordonna pas de combler les caves qui existaient, les droits acquis furent respectés.

Non seulement les anciennes caves furent conservées, mais le décret de 1607 fut interprété libéralement : un arrêt du Conseil, du 3 août 1685, ayant force de loi, dit que les propriétaires de maisons *retranchées* et à *retrancher* jouiront des caves qu'ils ont sous les rues, conformément aux contrats faits entre eux et les Prévôts des marchands et Échevins de la Ville; les voûtes desdites caves préalablement vues et visitées par les Trésoriers de France commis à cet effet.

On le sait : l'acte authentique, ou sous signature privée, n'est pas la convention elle-même, ce n'est qu'un des moyens de la constater. Nous le demandons? Aurait-on pu conserver des contrats depuis mille ans ? Qui en assurerait l'authenticité ?

Qui pourrait les lire maintenant ? Les faits matériels se comprennent bien plus sûrement, ils signifient encore aujourd'hui ce qu'ils disaient il y a dix siècles.

Lors donc qu'une cave supporte indissolublement, sur ses pieds et sa voûte, la maison et la rue, qu'on ne peut y pénétrer que par la maison, elle porte nécessairement en elle-même la preuve incontestable qu'elle a été construite avant la maison et qu'un accord a existé entre l'Autorité et le propriétaire qui l'a fait construire pour son usage exclusif, soit que la cave ait été faite avant l'ouverture de la rue, soit qu'on ait intercepté la circulation de la voie publique pendant l'exécution des travaux, ce qui ne pouvait pas se faire après décembre 1607.

Que la concession du dessous de la rue ait été faite à titre onéreux ou gratuit, cela importe peu ; il est évident que, dans les conditions que nous venons d'exposer, les droits des propriétaires de caves sont incontestables ; ils possèdent par édification, et non pas seulement à titre de servitude.

Si, par exception, certaines caves à Amiens ne portaient pas en elles la preuve suffisante qu'elles ont été construites avant les maisons et les rues, ou si les propriétaires ne pouvaient pas justifier qu'elles ont été conservées légalement après le retranchement des maisons ou l'ouverture de nouvelles rues, les possesseurs auraient la ressource de pouvoir invoquer la prescription de 40 années, admise en choses occultes et secrètes par les coutumes d'Amiens, il leur suffirait de prouver, s'ils étaient troublés dans leur jouissance, qu'ils possédaient 40 ans avant la promulgation du Code civil.

Dans le cas où les propriétaires ne parviendraient pas à faire cette preuve, l'Autorité aurait le droit de s'emparer du dessous de la rue, par la raison que celui qui possède la surface du sol est réputé posséder aussi le dessous ; mais alors le Domaine public reprendrait les choses dans l'état où elles sont : les possesseurs actuels ne seraient obligés de combler, à leurs frais, risques et périls, que s'il était prouvé que les caves ont été creusées par eux ou leurs auteurs en fraude de la loi et des droits de l'État ou de la Commune. La fraude se prouve, elle ne se suppose pas.

La Cour de cassation et le Conseil d'État s'accordent pour décider que les travaux faits en fraude de la loi et des règlements, en matière de petite et grande voirie, doivent toujours être détruits lorsque la contravention est établie, l'amende pouvant seule se prescrire, d'où il résulte que l'Autorité devrait faire combler d'office une cave qui aurait été creusée sous la rue, en 1608, si elle en pouvait produire la preuve.

Il faut en convenir : on ne concevrait pas que l'œil toujours si vigilant des agents voyers et autres préposés du Gouvernement et de la Ville ait laissé construire, sous les rues d'Amiens, en fraude de la loi, les trois cents caves qui y sont.

Les propriétaires ne peuvent contraindre la Ville à reprendre le dessous de la voie publique dans l'état où il se trouve, même en abandonnant leurs caves gratuitement, ce qui existe étant le résultat d'un mutuel accord ne peut être légitimement modifié que d'un consentement réciproque.

On sait que, vers 1849, l'autorité municipale nourrissait à Amiens le dessein de contester aux propriétaires la légitime possession des caves qui sont sous la voie publique; qu'elle eut même un instant la pensée de les faire combler toutes. On comprend qu'un tel projet était plus facile à concevoir qu'à exécuter. Evidemment, s'il en a été ainsi, c'est que l'Administration n'avait pas suffisamment examiné tous les aspects de cette grave affaire ; le Conseil d'Etat et la Cour de cassation n'auraient pas permis une telle atteinte au droit de propriété.

L'autorité départementale alla plus loin encore, mais sans

aboutir davantage : elle ordonna par arrêté du 23 juin 1849, à la suite de l'éboulement de la rue des Sergents, que toutes les caves qui sont sous la route royale n° 16 seraient comblées jusqu'à la porte St-Pierre, et cela sans en préciser les motifs.

Les propriétaires intéressés s'unirent aussitôt pour défendre leurs droits à frais communs ; des délégués furent investis de pouvoirs, un fonds commun fut formé ; l'article 3 des instructions portait que les mandataires ne pourraient procéder contre l'Autorité, pour s'opposer au comblement d'une cave, qu'après un examen fait par les hommes de l'art, constatant la solidité et l'état des lieux ; l'affaire en resta là.

Que les possesseurs de caves sous la voie publique le sachent bien : ils ont autre chose que des droits, ils ont aussi une grande responsabilité à sauvegarder ; ils doivent entretenir leurs caves en bon état de solidité sans viser à une économie mal placée.

L'éboulement de la rue des Jeunes Mâtins a occasionné 60,000 francs de dommage que la justice civile, à toute juridiction, a mis à la charge des propriétaires des maisons desquelles les caves dépendaient.

L'église de la rue des Crignons a failli descendre dans le gouffre l'année dernière ; une lézarde s'est spontanément déclarée, parce qu'on a eu l'imprudence de crever par la rue, dans une longueur de deux mètres, la voûte d'une cave qu'on voulait combler. Heureusement que la tranchée n'a pas été prolongée jusqu'en face du monument. Si on avait ouvert les 20 mètres de longueur qu'elle portait, l'église et les maisons voisines seraient certainement tombées dans la rue.

Ne voyons-nous pas un autre exemple, rue du Cloître de la Barge, du danger qu'il y a d'ouvrir la voie publique et de crever la voûte des caves ? Deux maisons n'y sont-elles pas étayées ? Et ne sont-elles pas dans le cas d'être démolies par suite d'une mesure du même genre ? Un danger semblable pour une cause pareille ne s'est-il pas fait craindre rue St-Denis ?

Nous pensons que l'Administration fera bien d'y regarder à deux fois avant de prescrire, ou même de permettre d'ouvrir par la voie publique les caves qu'on veut combler, alors qu'il est possible de faire autrement, surtout lorsqu'elles sont profondes, que les maisons sont pesantes et que les rues sont étroites.

L'Autorité peut poursuivre ou ordonner d'office le comblement des caves qui sont sous la voie publique, judiciairement ou administrativement : 1° lorsqu'elles ont été creusées en fraude de la loi ; 2° quand leur état de dégradation est tel, que la sûreté publique est menacée. Si un propriétaire croyait avoir le droit de s'opposer à l'exécution d'un jugement ou d'un arrêté ordonnant le comblement de sa cave, il pourrait recourir à une juridiction supérieure.

Il y a à tenir compte, dans la question que nous traitons, des intérêts publics et de ceux des propriétaires. Nous n'hésitons pas à approuver l'arrêté de M. le Maire, qui prescrit la visite des caves de temps à autre ; cette mesure aura nécessairement pour effet de sauvegarder les intérêts généraux en prévenant les accidents, et de garantir les propriétaires contre eux-mêmes en leur faisant faire des réparations qui sont presque toujours peu de chose lorsqu'elles sont faites à temps.

Pour que les visites prescrites soient envisagées comme elles doivent l'être, pour qu'elles soient acceptées par tout le monde comme un bienfait, il est désirable que l'agent chargé de cette mission soit reçu partout comme un conseiller bienveillant et un protecteur, et non comme un adversaire menaçant. Nous n'entendons pas blâmer, puisque nous n'avons eu qu'à nous louer personnellement ; mais, ce que nous désirons, c'est que le public soit porté à agir avec un confiant abandon.

150 caves ont déjà été déclarées par leurs propriétaires, ce

nombre doublera lorsqu'on saura bien que l'Administration municipale ne cherche pas à hâter la cessation d'un état de choses qu'elle a peut-être eu tort de concéder dans le lointain des siècles, mais qu'elle aurait le tort, plus grand encore, de ne pas supporter avec tout le respect qui est dû à la propriété d'autrui légitimement acquise.

Une administration qui le voudra pourra toujours alimenter son zèle, puisque la solidité des caves peut être également avouée ou niée. Qui empêcherait de contester la sûreté du tunnel Longueville? En réalité, rien n'est plus solide que les caves qui sont sous nos rues; les siècles qu'elles ont duré le prouvent bien, la grande quantité de terre qui les recouvre en augmente la force. Il suffit de les réparer lorsque le besoin s'en fait sentir pour les faire durer indéfiniment.

Nous l'avons dit : les visites que la sage prévoyance de notre administration municipale vient de prescrire protégeront les propriétaires contre leur propre indifférence et garantiront convenablement la sûreté publique. Les éboulements des rues du Cloître de la Barge, des Sergents et de la petite rue St-Remy, ne se sont produits que 15 ou 20 ans après que les propriétaires avaient abandonné la partie malade de leurs caves; ils avaient cru échapper à toute responsabilité et économiser les réparations en faisant des murs de séparation.

Si des administrateurs voulaient aller au-delà de la limite du vrai, les propriétaires pourraient s'éclairer, la loi ne les a pas laissés sans défense. Les faits matériels trouvent toujours des arbitres et des contre-arbitres intègres, capables de les apprécier et de témoigner de leur véritable état. Une cave est d'ailleurs toujours réparable lorsqu'on s'y prend à temps.

Il est à peine nécessaire de faire remarquer qu'on n'a pas besoin d'autorisation pour réparer sa cave et mettre ainsi sa responsabilité à couvert; c'est un devoir qu'on ne peut pas déserter. Je puis consolider une cave qui est contiguë à la voie publique comme je réconforte intérieurement, lorsqu'elle n'est pas frappée par l'alignement, une maison qui est limitrophe de la rue ; je fais en cela ce que fera l'administration du chemin de fer au tunnel Longueville, lorsque le besoin s'en fera sentir. Le droit du propriétaire est le même pour tous ; l'Autorité a toujours le devoir de surveiller afin de s'assurer que la sûreté publique n'est pas compromise et qu'on n'empiète pas sur les droits du Domaine, mais elle ne doit pas aller au delà.

Il y a des endroits où les caves sont pressées à côté les unes des autres, et où elles ne sont soutenues que par de simples murs de séparation en pierre blanche de 60 centimètres d'épaisseur ; tant que la cohésion existera, tout restera immuable ; mais si l'on ouvrait la voie publique et la voûte d'une cave qui se trouve dans ces conditions, l'équilibre serait rompu, la terre, qui se soutient presque d'elle-même par son adhérence, se porterait vers la partie ouverte, l'éboulement se ferait à des degrés variables et pourrait entraîner les caves voisines et les maisons ; de là : dommages, procès, ruine. Les étrésillons n'empêcheraient pas plus les accidents qu'ils ne les ont empêchés dans la rue des Crignons et ailleurs.

Ne serait-il pas préférable, lorsque cela serait possible, de faire combler les caves à l'intérieur des maisons avec de la terre bien tassée et mouillée et au besoin avec des moëllons lorsqu'il y aurait à craindre la poussée d'un mur séparant une cave voisine ; et lorsque le comblement aurait eu le temps de se bien tasser on perforerait dans la voie publique et dans la voûte quelques trous de 20 centimètres de diamètre par lesquels on introduirait de l'eau, puis du mortier bien liquide pour finir de remplir le vide qui serait resté entre la terre et la voûte de la cave : dans ces termes, l'intérêt public et l'intérêt privé seraient satisfaits.

Il serait à désirer que toutes les caves qui sont sous les rues fussent déclarées et visitées, ne serait-ce que tous les deux ou trois ans ; il y a un véritable inconvénient à ce qu'un propriétaire peu fortuné puisse trop retarder la réparation de sa cave; si son incurie provoque des dommages considérables aux propriétés voisines, le recours sera illusoire et l'innocent sera fatalement victime du fait d'autrui.

Les caves sous la voie publique sont pour tout le monde un mauvais héritage des temps anciens, qu'il faut subir honorablement. Les propriétaires feront bien de faire boucher celles qui leur sont inutiles toutes les fois que l'occasion s'en présentera. La Ville fera bien également de se montrer de composition facile, d'amener par la persuasion le plus de comblements possibles ; elle pourrait même, ce semble, supporter une faible partie de la dépense, lorsque les caves seraient très solides ; son concours deviendrait un puissant encouragement ; en position de pouvoir faire mieux et plus économiquement que les particuliers, pourquoi l'Administration ne se chargerait-elle pas elle-même à forfait de ceux des comblements qui n'offriraient aucun danger? Les propriétaires se décideraient plus facilement à abandonner leurs caves, s'ils connaissaient le prix de leur sacrifice, et s'ils étaient rassurés contre les éventualités de responsabilité.

Amiens, le 15 Juin 1862.

VALLET.

Amiens, Imp. de E. Yvert.

www.ingramcontent.com/pod-product-compliance
Lightning Source LLC
Chambersburg PA
CBHW070542050426
42451CB00013B/3139